Pink Blossom Island

Pink Blossom Island

초판 1쇄 2016년 6월 27일
초판 2쇄 2016년 7월 7일

글과 사진 신혜림
발행인 유철상 **기획** 황유라
책임편집 황유라 **디자인** 서은주 **마케팅** 조종삼, 조윤선

펴낸 곳 상상출판 **등록** 2009년 9월 22일(제305-2010-02호) **주소** 서울시 동대문구 정릉천동로 58, 103동 206호(용두동, 롯데캐슬피렌체)
전화 02-963-9891, 070-8886-9892 **팩스** 02-963-9892 **전자우편** cs@esangsang.co.kr
블로그 blog.naver.com/sangsang_pub **페이스북** /sangsangpub **인스타그램** /sangsang.publishing

ISBN 979-11-86517-70-3(13980)
© 신혜림 2016

이 책은 상상출판이 저작권자와의 계약에 따라 발행한 것이므로 본사의 서면 허락 없이는 어떠한 형태나 수단으로도 이용하지 못합니다.

잘못된 책은 구입하신 곳에서 바꿔 드립니다.

이 도서의 국립중앙도서관 출판예정도서목록(CIP)은 서지정보유통지원시스템 홈페이지(http://seoji.nl.go.kr)와
국가자료공동목록시스템(http://www.nl.go.kr/kolisnet)에서 이용하실 수 있습니다. (CIP제어번호 : CIP2016014216)

Pink Blossom Island

핑크 블라썸 아일랜드

목차

6 작가 소개

8 여는 글

14 Blooming Island

24 Fall in love

40 Pink Hawaii

52 완벽한 오후

66 당신은 나를 미소 짓게 합니다

74 With you

84 필요한 건

108 입맞춤

118 Me Ke Aloha Pumehana

138 우리 언제나

작가 소개

신혜림

'빛'을 카메라에 담는 사진작가. 때때로 여행가.
매일 매일 사진을 찍는다. 그녀 자신을 찍고, 누군가를 찍고,
눈앞에 놓인 사물을 찍고, 발 닿는 곳곳을 찍고, 펼쳐진 풍경을 찍는다.
손에는, 가방에는 항상 카메라가 있다. 그렇게 찍어온 게 벌써 10년.
피사체에 대한 애정이 가득 담긴 그녀의 사진은 특유의 몽환적인 분위기와
아날로그 감성으로 보는 이들에게 짙은 여운을 남긴다.
평범해 보이는 일상도 카메라를 눈앞에 가져다대기만 하면 늘 새롭고
아름다운 것으로 가득 차 있어 사진을 찍는 매 순간이 행복하다는 그녀.
자신의 사진으로 많은 사람들이 위로받고 따뜻해지기를 바라면서
평생 사진과 함께 살아가기를 꿈꾼다.

-

blog www.shinhyerim.com
instagram /adricia_
pholar www.pholar.co/my/695488/profile

여는 글

꽃 피는 섬 하와이

만약 하와이에 간다면
당연히 사랑하는 사람과 함께일 것이라는 생각을 한 적이 있다.

로망이라면,
해 질 녘의 와이키키 해변에서 샴페인을 짠- 하고 부딪히며
눈을 감고 시원한 파도소리를 듣는 것.
손깍지를 끼고 느긋한 발걸음으로 이곳저곳을 걸어 다니는 것.
향긋한 레이를 목에 걸고 알로하! 인사를 건네는 것.

그리고 거짓말처럼,
나는 지금 하와이에 있고
내 옆에는 당신이 있다.

사랑하는 사람과 함께
7 days, Hawaii

Sep 18

/
Blooming Island.

Thu. pm 11:36

달콤한 기대를 안고 도착한 하와이는
생각했던 것보다 더 로맨틱한 곳이었다.

뜨거운 햇빛 아래 시원한 바람, 높이 솟은 야자수와 끝없는 바다,
신이 주신 이 섬을 즐기고 있는 많은 연인들,
이곳저곳에서 울려 퍼지는 웨딩마치,
그 사랑의 시작을 축하해주는 많은 사람들.

까맣게 타 버린 화산재 속에서도 빨간 꽃이 피어나고
늘어진 반얀트리 나무 아래에 서면 이마를 간질이는 바람.

올드타운 곳곳의 파스텔톤 건물과
떠나는 비행기의 창문 너머로 본 무지개까지.

그저 사랑만을 얘기해도 낮밤이 지날 수 있을 것 같은,
그곳은 바로
Blooming Island.

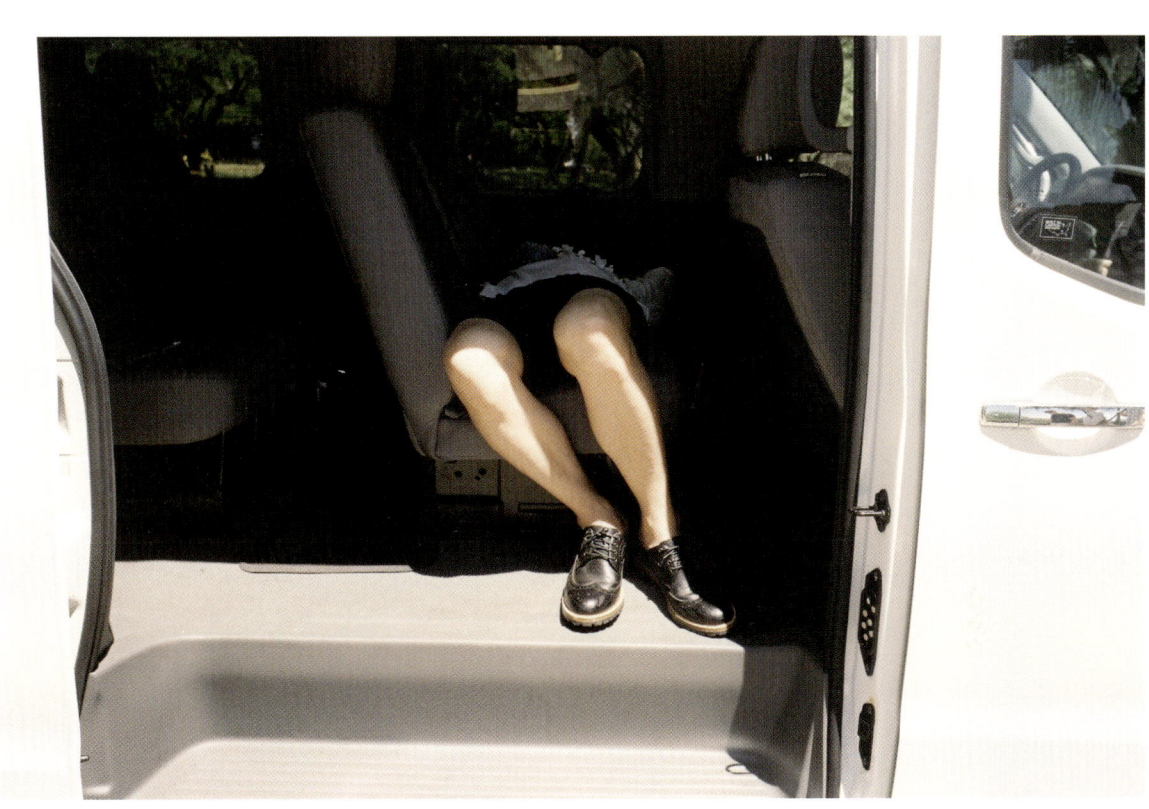

Sep 18

/
Fall in love.
Thu. am 10:28

그대를 처음 보고
그대를 살펴 알고
그대를 담았습니다

그대를 다시 보고
그대를 깊이 알고
그대를 닮았습니다

삶에서 사랑을 빼면 남는 게 없기에
전 지금도 사랑을 살아가고 있습니다.

Sep 20

/
Pink Hawaii.

Sat. pm 04:12

하와이는 온통 핑크빛.
아마, 내 옆에 네가 있어서일 거야.

Sep 21

**/
완벽한 오후.**

Sun. pm 02:00

부신 햇살, 에메랄드빛 바다, 청량한 하늘,
그리고 내 옆엔,

Sep 23

/
당신은 나를 미소 짓게 합니다.

Tue. pm 06:20

저무는 오후, 글을 읽다 당신이 생각나
어린 날의 당신이 건넨 편지 속 글귀를 되뇌어봅니다.

그리운 마음이 넘치면 별이 된대.
내가 그리울 때면 밤하늘을 올려봐.
항상 당신 하늘의 별이 되어 있을 거니까.

그날 밤은 먹구름이 막막히 끼어 있었지, 추억하니
철없던 나와 당신의 유치한 글귀에 볼이 간지럽습니다.

오늘 밤하늘은 당신으로 꽉 차 있습니다.

당신은 하염없이 나를 미소 짓게 합니다.

Sep 19

/
With you.
Fri. pm 05:23

매일 보고
하루 종일 붙어 있어도
계속 보고 싶은 당신

Sep 18

/
필요한 건.

Thu. pm 04:16

BELIEF

HOPE

LOVE

온전한 기쁨

Sep 23

**/
입맞춤.**

Tue. am 09:32

감아 뜬 여린 속눈썹 위
살포시 올린 입맞춤이
만남의 키스든 작별의 키스든

사랑도 이별도
다 처음만 같아라

Sep 23

/
Me Ke Aloha Pumehana.

Tue. am 02:00

내 사랑의 따뜻함과 함께

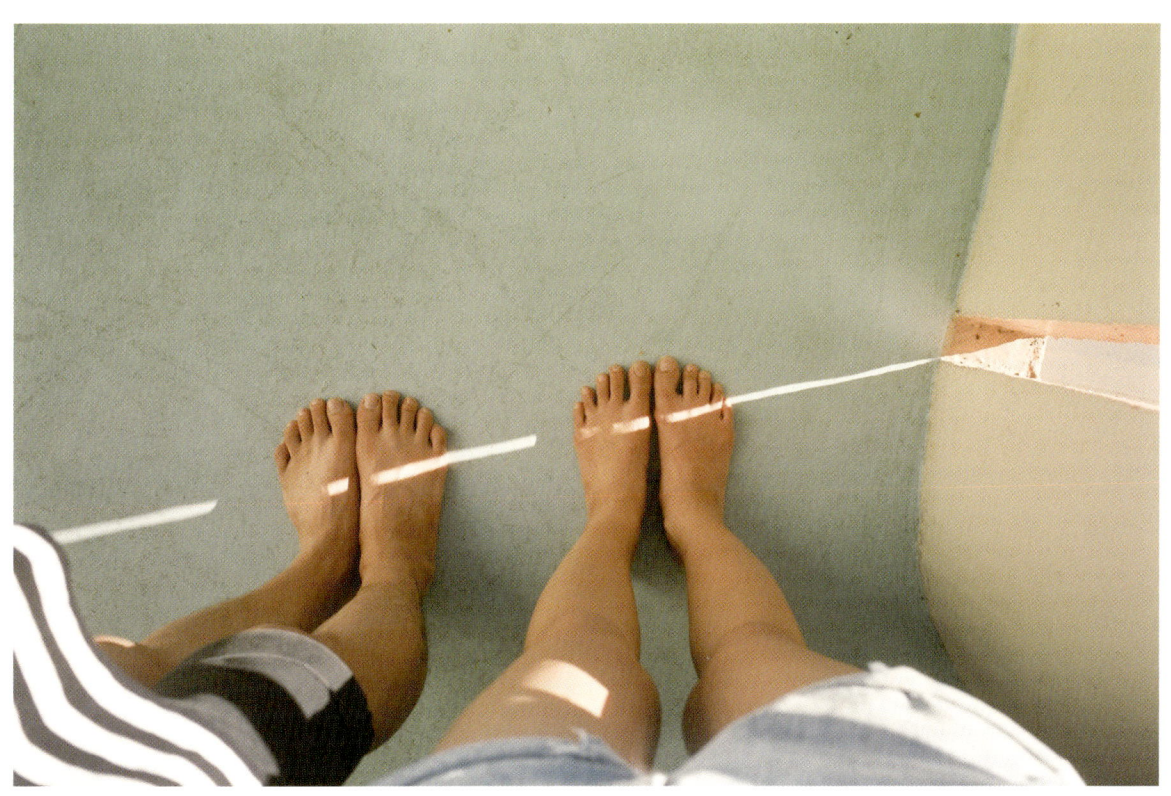

Sep 24

/
우리 언제나.

Wed. pm 11:20

이 사람과 함께하면 분명 사랑받겠지라기보다는
내가 이 사람을 더 많이 사랑해야지라고.

이 사람과 함께하면 분명 행복하겠지라기보다는
내가 이 사람을 더 많이 행복하게 해줘야지라고.

늘 생각만 하고 잘하진 못하지만

그렇게 서로가 서로를 더 많이 존중하고 아끼고 보살핀다면.
서로를 더 사랑할 수 있다면.

우리가 다시 만나는 그날까지.
A Hui Hou Kakou